제자훈련 2.0 Ⅰ

온전한 제자의 기초

제자훈련 2.0 | 오정현 지음

온전한 제자의 기초

I

온전한 제자가 되라

한국교회에 교회 중심의 제자훈련 사역이 접목되기 시작한 지 30년이 더 지났다. 이 기간 동안 마치 한국 경제의 압축성장처럼, 제자훈련 사역도 개념적으로나 훈련 방식에 있어 다양한 시행착오를 거치면서 많은 성장과 변화를 겪었다. 한국교회와 성도들에게 제자훈련은 개념은 물론 용어 자체가 낯설었다. 그래서 지난 수십 년은 평신도를 깨우기 위해 "왜 제자훈련이 필요한가?"라는 질문을 지속적으로 던지면서, 제자훈련의 필요성에 대해 집중했던 시간이었다. 그 결과 반세기 전만 해도 낯설었던 제자훈련이라는 말은 이제 한국교회에서 일상어처럼 사용되고 있고, 때로는 너무도 익숙해서 진부하게 들릴 정도가 되었다. 이제는 누구도 제자훈련의 필요성에 대해서 주저하거나 의문을 갖는 경우는 없다고 해도 결코 지나치지 않을 것이다.

제자도의 수준을 한 단계 더 상향조정 해야 할 때

제자훈련을 통해 우리가 지향해야 할 지상목표는 예수님을 닮은 온전한 제자가 되는 것이다. 예수님을 닮는 것이 제자훈련의 처음이요 마지막이다. 예수님을 닮는다는 것은 예수님처럼 생각하고, 예수님처럼 느끼고, 예수님처럼 행동하는 것이다. 여기서 벗어나는 것은 모두 사이비(似而非)라고 할 수 있다. 그 사람의 생각과 말과 행동에서 예수님을 느낄 수 있다면 그것이야말로 성공한 제자훈련이다.

그렇다면 예수님을 닮는 제자훈련이란 무엇인가? 내 삶이 예수님을 증거하는 것이다. 가정에서, 교회에서, 직장에서, 사회에서 "예수님이 설명되는 인생", "예수님이 주어가 되는 인생"을 사는 것이 예수님을 증거하는 것이요 제자훈련의 목적이다. 이 교재는 이것을 목표로 삼고 있다. 어떤 장소, 어떤 경우에도 삶 자체에서 예수님이 설명되는 인생에 집중하고 있다.

그렇다면 예수님을 증거하는 인생, 예수님이 설명되는 삶을 위해서 요구되는 것은 무엇인가? 예수님처럼 전인격적인 온전함을 생활 속에서 실현하는 것이다. 첫째는 사고(생각과 지성)의 온전함이다. 훈련을 지원하면 뭔가 된 줄로 알고, 자아가 실현된 줄 아는 사람들이 있다. 그러나 제자훈련은 사고의 충족이 아니라 니고데모처럼 사고의 거듭남이 우선되어야 한다. 두 번째로 감정의 온전함이다. 교회에서는 괜찮은 것 같은데 성격적으로 사회에서나 집안에서는 존중 받지 못하는 경우가 있다. 훈련을 통해 예수님의 마음에 접붙임됨으로 갈

등과 상처의 치유자로 중심에 서야 한다. 세 번째로 의지의 온전함이다. 열매 맺는 결단이 있어야 한다. 도전(Challenge)만 받으면 안 된다. 변화(Change)되어야 한다. 네 번째로, 관계의 온전함이다. 말 한마디 표정 하나에 빚진 자의 용서와 사랑이 녹아지고 드러나야 한다. 마지막으로 행실의 온전함이다. 제자훈련 받은 자의 행실의 절대 기준은 세례 요한처럼 오직 예수님의 이름이 높아지고, 하나님의 나라가 세워지느냐에 달려 있다. 사고나 감정, 의지는 내면의 문제이다. 관계와 행실은 외적으로 드러나는 부분이다. 이것이 균형을 잡아야 한다. 그래야 예수님을 닮은 온전한 제자가 될 수 있다.

완벽한 사람은 없다. 어떤 사람도 다섯 가지가 조화된 사람은 없다. 그러나 지혜로운 사람은 부족한 것을 채우려고 한다. 제자훈련이란 그 온전함의 고봉(高峰)을 향해 진력(盡力)하는 과정이다.

값을 치러야 할 때

은혜는 주님이 값없이 주시는 것이지만, 진짜 은혜는 은혜에 빚진 자로서 자원하는 종이 되어 값을 치를 때 받는 것이다. 값을 치르는 삶은 제자훈련의 진리이다. "하나님이 시시하지 않은 것처럼 우리도 시시하지 않고, 하나님이 위대하신 것처럼 우리도 위대하다"가 진정한 신앙고백이 되려면 예수님의 제자로서 먼저 값을 치르는 삶을 살아야 한다. 열매 없는 일에 투자를 중단하고 열매 맺는 삶을 위해 자신을 내어놓고 희생하는 것이 값을 치르는 것이다. 예수님의 삶이 그러했듯이 진리와 가치를 위해 생명을 거는 것은 제자훈련생의 숙명이다.

주님의 일에는 무임승차가 없다. 제자훈련의 가장 큰 적은 졸속(拙速)이다. 마귀는 지금 당장 돌을 가지고 떡을 만드는 속성과를 추천한다. 그러나 하나님은 기다림을 통해 하나님만을 진실되게 신뢰하는 법을 배우게 하시는 것이다. 당장 응답된다면 왜 믿음이 필요하겠는가? 하나님은 우리의 값을 치르는 삶을 통해 그의 백성으로 테스트하시고 시대의 용장으로 세워가시는 것이다.

제자의 길은 십자가를 통한 자기부인(自己否認)이지 자아실현(自我實現)이 아니다. 제자훈련은 자아실현이 아니라 자기부인을 통해 예수님처럼 되고(being) 예수님처럼 사는 것(doing)이다. Being과 Doing이 균형 잡혀야 한다.

많은 사람들이 선지자적 비관론에 사로잡혀 선지자적 비판론으로 나가는 이 시대에 제사장적 책임론을 가지고 소명을 완수하는 제자훈련, 내 뜻과 내 행동의 일치를 넘어 내 생각과 하나님의 생각이 일치하는 삶을 사는 제자훈련, 예수님의 보혈 앞에서는 모든 것을 멈추고 신앙의 차렷자세를 회복하는 제자훈련이 핵심이다.

이 교재는 제자훈련생이 세속의 파고 속에서도 작은 예수로서 예수님처럼 되고, 예수님처럼 사는 것을 목표로 하고 있다. 그것은 개인적으로 제자훈련(Disciple Making Spiritual Formation)을 통해 전인격적으로 예수님을 닮아가는 영적 성숙(Spiritual Maturity)을 이루는 것이다. 교회적으로는 목자의 심정으로 감당해 가는 성육신적 제자훈련 사역을 통해 "제자들이 선교하는 교회"(Disciple Making

Mission Church)로 영적 승법번식(Spiritual Multiplication)을 이루는 것이다. 사회적으로는 훈련되고 준비된, 소명 받은 제자들을 통하여 사회적 섬김(Disciple Making Diakonia)을 감당하는 영적 공동체(Spiritual Community)를 형성하는 것이다.

이제 예수님을 닮기 위한 제자훈련이 시작된다. 결코 제자훈련 자체가 목적일 수 없다. 제자훈련을 통해 예수님을 전인격적으로 닮은 온전한 삶을 사는 것이 목표이다. 이미 치열한 영적인 전투가 시작되었다. 영적 복음의 전사의식, 영적 군인정신을 가지고, 오직 예수님만으로 설명되는 인생이 되기 위해 날마다 전진하는 사람이 되기를 바란다.

차례

들어가며

I 온전한 제자의 기초

부록

“오직 사랑 안에서 참된 것을 하여
범사에 그에게까지 자랄지라
그는 머리니 곧 그리스도라”

에베소서 4장 15절

I

온전한 제자의 기초

서문

예수님의 온전한 제자가 되기 위한 훈련을 시작하면서 먼저 기초를 다지는 시간을 갖고자 한다. "온전한 제자의 기초"라는 I권의 제목은 '반석 위에 집을 지은 지혜로운 사람'처럼 인생의 풍파 속에서도 흔들리지 않는 굳건한 제자가 되기를 원하여 지은 것이다.

I권에서 우리는 왜 온전한 제자가 되어야 하는지, 온전한 제자가 되는 것이 가능하기는 한 것인지, 가능하다면 온전한 제자가 되는 길은 무엇인지, 온전한 제자가 되기 위한 기초는 무엇인지를 다루게 된다. I권에서 다루는 주제들은 제자 훈련은 물론이고 제자로 살아가야 할 모든 삶의 기초가 된다. 나머지 훈련의 성패가 여기에 달렸다고 해도 과언이 아니다. 기초가 중요하다는 것을 명심하고 I권을 통해 온전한 제자로서의 기초를 닦는 일에 진력하기를 바란다.

1과

왜 온전한 제자인가

사람은 자신이 온전치 못함을 누구나 잘 안다. 그런데 더 놀랍고 흥미로운 사실은 인간이 자신의 불완전함을 명확한 지식으로 알고 있으면서도, 아니 알고 있기 때문에 더 필사적으로 온전함을 추구한다는 것이다. 자신이 불완전함을 명쾌하게 알고 있다면 더 이상 완전, 온전, 완벽, 이런 것은 꿈꾸지 말아야 하는데 더 갈망하고 찾는다. 인간 안에 있는 하나님의 형상은 크게 훼손되었다(롬 3:23). 인간이 하나님께 반기를 듦으로써 그의 안에 있던 의로움과 거룩함이 산산조각 났고, 하나님의 형상 또한 형체를 알아보기 힘들 정도로 손상되었다. 그러나 긍휼과 은혜가 풍성하신 하나님께서 아들 예수 그리스도를 보내셔서 우리 속에 깨어진 하나님의 형상을 복구해주셨다. 인간은 다시 "의와 진리의 거룩함"(엡 4:24)을 지닌 새 사람이 되었다. 첫 창조 때 인간이 하나님의 형상으로 지어진 것처럼, 둘째 아담인 구원자 예수님 안에서 인간은 다시 한번 하나님의 형상으로 새롭게 재창조되었다(고후 5:17). 이 복구된 형상은 "그리스도의 장성한 분량이 충만한 데까지"(to the whole measure of the fullness of Christ) 자라는 목표를 그 안에 지니고 있다(엡 4:13). 이 본성 때문에 인간은 거북하지만 온전함을 추구하지 않을 수 없다. 그러므로 온전함은 피조물인 인간에게 이상(理想)이면서 동시에 부담이다.

01 '온전함'이라는 단어를 들었을 때 첫인상은 어땠는가? 왜 '온전함'에 대해 그런 첫인상을 갖게 되었다고 생각하는가?

02 '온전하다'는 단어는 유대 사회를 포함한 1세기 지중해 연안의 생활 현장에서 다양한 뜻으로 사용되었다. 그 중에 한 가지 용례는 온전함을 도덕적 완전함이 아니라 '위임하려는 직분에 맞게 준비된, 직분 수행에 알맞은'이라는 뜻으로 사용한 것이다. 이 용례에 근거해 신약의 난해 구절 중 하나인 히브리서 2장 10절의 의미를 해석해보라.

• 히브리서 2장 10절

1) '그', '많은 아들들', '그들의 구원의 창시자'는 각각 누구인가?

2) 고난을 통하여 온전하게 하신다는 말은 어떤 뜻인가?

3) 성도의 온전함 역시 예수님의 온전케 되심에 비추어서 생각하는 것이 마땅하다. 성도의 온전함은 성도가 '도덕적으로 완벽하다', 또는 디래형으로 '무흠무결해야 한다'라는 뜻이 아니다. '온전함'은 다른 말르하면, '성도다움, 성도로서의 적합함, 성도의 자격과 위치를 잘 지킴'을 의미한다. 히브리서 2장 10절을 통해 해석한 '온전함'의 정의가 나에게 어떤 의미로 다가오는지 나눠보라.

03

히브리서 2장 10절을 통해 해석한 '온전함'의 정의에 기초해 볼 때, 이미 십자가를 통해 하나님이 제공하시는 큰 구원을 받은 나는 어떻게 살아가야 하는가?

1) 나는 이미 구원을 받았는데 왜 회개와 믿음의 길을 끊임없이 걸어야 하는가? 왜 여전히 전인격의 변화를 꾀해야 하는가?

2) 성숙과 성장은 온전한 제자의 핵심이다. 바울은 에베소서 4장 13절과 15절에서 온전함에 이르는 바른 기준을 두 번이나 강조하고 있다. 우리가 온전함의 모델로 삼아야 할 대상은 누구인가?

- 에베소서 4장 13절

- 에베소서 4장 15절

3) 예수님을 닮아가는 성도의 온전함은 선택이 아니라 필수이다. 반드시 이뤄야 하는 하나님의 뜻이다(마 5:48). 하나님께서 우리에게 요구하시는 온전함은 세상의 온전함과는 다르다. 몇 가지 구습과 조금 더 나은 삶을 위한 행위규칙을 바꾸는 정도는 불신자들도 얼마든지 이뤄낸다. 세상과는 다르게 우리가 이루어야 할 온전함에 대해 묵상하고 정리해보라.

• 온전함의 주체(슥 4:6b)

• 온전함을 이루는 방식(눅 9:23)

• 온전함을 추구하는 목적(히 13:21)

4) 예수님을 닮아가는 변화는 우리의 됨됨이, 즉 우리의 정체성에서 나와야 한다. 우리가 제자훈련을 하면서 다시 회복하고 붙들어야 할 정체성은 무엇인가?

• 갈라디아서 3장 26절

• 요한계시록 19장 7~8절

• 고린도전서 3장 16절

5) 우리는 잘못된 동기로도 얼마든지 변화를 추구할 수 있는 죄인들이다. 나의 변화 또는 변화를 위한 노력을 통해서 하나님과 다른 사람 그리고 나 자신에게 내가 괜찮은 사람임을 과시하려는 숨은 욕망을 드러낸 적은 없는가?

04

제자훈련을 시작하면서 '온전한 제자의 삶'을 푯대로 설정하는 것은 너무나 중요하다. 오늘 나눈 말씀을 통해 온전한 제자훈련을 시작하는 나의 각오와 결단을 기록하고 나누라.

진정한 온전함은 생각조차 못한 영역에서 그리스도의 말씀에 전심으로 순종할 때 이루어진다. 예수님은 부자 청년에게 한 번도 생각해 보지 못한 영역에서의 순종을 요구하신다(마 19:21). 왜냐하면 순종은 우리를 세상으로 끌고 가는 세속의 중력을 깨뜨리는 끌이요 망치이기 때문이다. 온전함은 때로 생각하지 못한 영역에서 순종의 장애물을 넘을 때 비로소 주어진다. 하나님의 역사는 순종을 머리로만 아는 수많은 무리보다는 일상의 온갖 이유에도 불구하고 순종의 높은 벽을 넘어서는 한 사람에 의해서 이루어진다.

이런 모습으로 살아가다 보면 교만에서 점점 멀어지고, 자아가 깨어지면서 나 자신을 새롭게 발견한다. 다른 사람의 판단에 너무 신경쓰지 않고, 주님과의 관계에 더 신경을 쓴다. 아울러 문화충격에 가까운 완전히 새로운 삶의 방식으로 한 걸음씩 살아간다.

지금도 주님은 모든 신자를 온전함으로 초대하신다. 오늘 초대 받았으니 내일 천사처럼 되라고 하지 않으신다. 우리가 할 일은 오직 R. S. V. P., 즉 참석 여부를 알려 달라는 요청에 "Yes!"라고 응답하고 참석자 명부에 내 이름을 적는 것뿐이다.

– 《온전론》(오정현, 국제제자훈련원) 69, 73~74쪽

범사 수술 동의서

수술명 : 온전한 제자가 되기 위한 범사 수술
주치의 : 성령님
수술 담당의 : ______________________

본인은 제자훈련을 통한 영적 수술과 신앙 재활치료의 필요성과 내용, 예상되는 통증과 치료 결과 등에 대해 수술 담당의로부터 충분한 설명을 들었으며, 제자훈련을 통해

1. 지성 2. 감성 3. 의지 4. 관계 5. 행실과 관련하여

범사 수술을 통해 일어날 수 있는 영적 재정돈과 환경 재설정의 불가항력적인 변화에 대해 동의 및 수용하고 협력할 것을 서약합니다.
그리고 수술 과정에서 발생할 수 있는 모든 상황에 대한 처방을 주치의의 지도를 받는 범사 수술 담당의의 판단에 전적으로 위임합니다.

"하나님의 말씀은 살아 있고 활력이 있어
좌우에 날선 어떤 검보다도 예리하여
혼과 영과 및 관절과 골수를 찔러 쪼개기까지 하며
또 마음의 생각과 뜻을 판단하나니" (히 4:12)

__________ 년 ______ 월 ______ 일

범사 수술 대상 환자 : ____________________ 인

보증인 1 : ____________________ 인

보증인 2 : ____________________ 인

온전한병원 병원장 예수 그리스도 (온전한 병원장)

2과

온전함에 이르는 길, 십자가

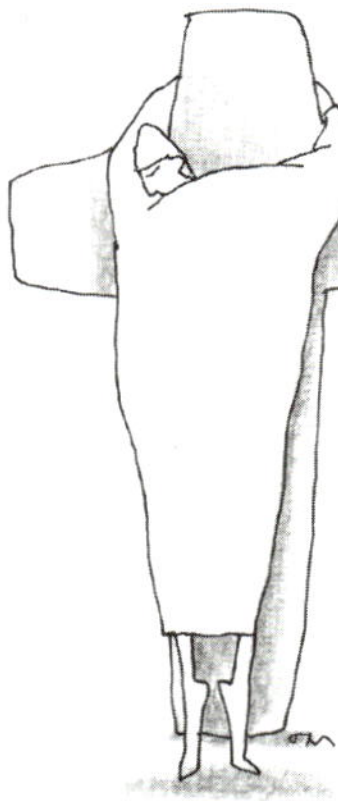

십자가가 온전함에 이르는 삶의 중앙선임을 대조적으로 보여주는 두 인물이있다. 베드로와 가룟 유다이다. 이 사람에 대한 선지식 없이 성경을 읽는다면, 이 두 사람의 결과가 판이함에 놀랄 수밖에 없다. 두 사람이 갖는 죄의 경중, 잘못의 무게를 따진다면 차이점을 발견하기 어렵다. 예수님을 부인하고 저주한 사람이나 예수님을 은 30에 판 사람이나 크게 다르지 않다. 그러나 베드로는 십자가 앞에 엎드렸고, 유다는 십자가에서 도망쳤다. 베드로는 천국 열쇠를 맡았고, 유다는 차라리 태어나지 아니하였더라면 좋을 뻔했다는 말씀을 들어야 했다. 베드로는 신앙을 완주했고, 유다는 신앙을 포기했다. 이 둘의 인생길을 바꾼 것은 십자가에 대한 각성이었다. 십자가를 각성한다는 것은 십자가를 어떤 경우에도 삶의 중앙선으로 삼는 것이다. 성도의 온전함 역시 십자가에서 출발하고, 십자가를 관통하여, 마침내 십자가에서 마무리된다. 십자가 없이는 제자도가 없고, 제자도 없이는 온전함이 없다. 온전함에 이르는 제자의 길, 그 길의 중앙선은 언제나 십자가이다.

01

십자가가 온전함에 이르는 삶의 중앙선임을 잘 보여주는 인물은 사도 바울이다. 그는 다메섹 도상에서 예수님을 만난 후, 남은 평생 십자가를 중앙선으로 삼았다. 사도 바울의 예를 통해 십자가를 경험한다는 것이 어떤 의미인지 생각해보라.

1) 사도 바울이 십자가를 만나기 전에 신뢰했던 것은 무엇인가?(빌 3:4~6)

- 빌립보서 3장 4~6절

2) 그런 그가 십자가를 경험한 후에는 어떻게 바뀌었는가?(빌 3:7~8b)

- 빌립보서 3장 7~8b절

3) 사도 바울은 예수님을 믿은 이후에 셋째 하늘을 보았을 뿐 아니라(고후 12:2), 그의 손수건만 만져도 병이 떠나고 악귀가 물러갈 정도로(행 19:12) 하늘의 능력으로 충만했다. 그 정도가 되면 고통과 수난의 십자가 대신 하늘 영광으로 충천한 예수님과 그로부터 받은 하늘의 신비를 나눌 만한데, 그는 여전히 십자가를 붙잡고 십자가만을 자랑했다(갈 6:14). 왜 그랬을까? 바울의 입장이 되어 생각해보라.

• 갈라디아서 6장 14절

4) 오늘날 많은 교회에서 사역자나 성도들 간에 혹은 개인의 신앙생활에서 균열이 가고 소리가 나는 이유는 무엇인가? 조금만 신앙의 이력이 생기고, 나름의 교회 직분을 맡으면 십자가 외에 다른 것들을 자랑하기 때문이다. 나는 십자가 외에 다른 것들을 자랑했던 적은 없는가?

5) 중앙선인 십자가는 절대로 움직일 수 없다. 그러나 교회 내의 많은 성도가 중앙선인 십자가를 자신의 뜻대로 움직이고 있다. 이것은 교회가 진리의 상대주의에 오염되어 갈 때 나타나는 현상이다. 오늘날 교회 내에서 일어나고 있는 말씀의 상대주의화의 사례를 나눠보라.

02

마가복음 10장 35~45절에 보면 세베대의 아들 야고보와 요한이 예수님께 이런 요청을 했다. "주님이 메시아로서 영광을 받는 그 날에 우리를 예수님의 우편과 좌편에 앉게 해주십시오." 이 말은 나머지 열 제자 모두가 분노할 만큼 심각한 것이었다. 열두 제자 모두 내면의 미성숙함이 단숨에 드러나는 장면이 아닐 수 없다. 이제 곧 대속의 십자가를 지셔야 할 예수님은 어떤 마음이셨을까? 3년여간 제자훈련을 받은 열두 제자 모두의 미성숙함을 보며 무엇을 느끼는가?

03

십자가를 삶의 중앙선으로 삼고 살아가는 제자는 그리스도의 은혜만이 아니라 죄 또한 깊이 있게 들여다본다. 만약 죄가 그렇게 심각한 문제가 아니었다면 하나님께서 우리를 위해 아들을 내어 주실(롬 8:32) 만큼 파격적인 조치를 취하지 않으셨을 것이다. 우리가 자신의 죄를 심각하게 고민하는 만큼 십자가를 통해 나타나는 은혜를 갈망하게 된다(롬 7:24~25). 나는 나의 죄를 깊이 들여다보고 회개한 인생인가?

• 로마서 7장 24~25절

04

십자가를 통한 변혁이 일차적으로 일어나는 곳은 인간 내면, 즉 우리의 속사람이다. 우리는 생각, 감정, 의지, 관계, 행실이라는 실존의 차원을 가지고 있다. 따라서 이 영역들에서 변혁이 일어난다는 것은 곧 우리가 성경적으로 온전해지고 있다는 뜻이다. 내가 경험한 속사람의 변화가 있다면 나눠보라.

05

예수님의 전적인 희생에 의해서 주어진 십자가로 이루어지는 온전함, 예수님의 제물 되심으로 하나님의 자녀들을 영원히 온전케 하신 은혜(히 10:14), 어떤 티끌조차 더하고 뺄 수 없는 완벽한 온전함, 십자가에서 완전한 희생을 통해 이루신 온전한 구원을 받은 자로서 어떤 삶을 살아가야 하는가?(고전 1:17b)

• 고린도전서 1장 17b절

십자가가 신앙인의 삶을 온전함으로 이끄는 근거는 무엇인가? 십자가는 하나님의 타협할 수 없는 거룩함과 하나님의 지극한 사랑, 이 두 가지를 온전히 만족시키는 유일한 수단이요, 동시에 인간의 불가항력적인 죄를 해결하고 돌이킬 수 없을 만큼 훼손된 하나님의 인격적 형상을 회복시킬 수 있는 유일한 길이기 때문이다.

성도나 목회자 가운데 기독교 신앙에서 십자가가 차지하는 절대 중요성을 인정하지 않는 사람은 아무도 없다. 또한 그 누구도 기독교에서 십자가의 능력과 생명력을 부인하지도 않는다. 그럼에도 한국교회나 성도들이 십자가의 능력으로 살고 있다고 쉽게 말하지 못하는 이유는 무엇인가? 사역자들 가운데도 복음과 십자가를 개념의 십자가, 지식의 십자가, 문화적 상징의 십자가로만 생각하고 생명의 십자가, 체험의 십자가, 변화의 십자가에 대해서는 제대로 인식하지 못하는 경우가 적지 않기 때문이다. … 온전한 제자도, 온전한 제자훈련은 십자가에 대해 이해하는 것을 넘어 십자가가 내 삶에 어떤 의미를 갖는지, 십자가가 자신의 삶과 주변 사람들에게 어떤 의미를 부여해줄 수 있는지를 고백하도록 하는 것이 목적이 되어야 한다. 이러한 십자가적 삶의 고백을 이루는 제자훈련이 이루어진다면 지금 한국교회에 제자훈련으로 인해 파생되는 여러 난제들이 해결될 수 있을 것이다.

– 《온전론》(오정현, 국제제자훈련원) 143, 148~149쪽

3과

성경은 영혼의 양식

예수님 안에서 온전한 제자로 살아가기 위해서는 무엇보다도 날마다 영혼의 양식을 먹어야 한다. 영혼의 양식은 바로 하나님의 말씀인 성경이다. 하나님은 우리가 예수님의 온전한 제자로 살아가고 성장할 수 있도록 성경을 주셨다.

성경은 지금까지 전세계에서 가장 많이 팔린 책이자 여전히 가장 많이 팔리는 책이다. 또한 성경은 적어도 2,500개 이상의 언어로 번역되었고 계속 번역 중이다. 성경은 그야말로 세계적인 베스트셀러이며 스테디셀러이다. 그러나 많이 팔렸다는 것과 많은 사람이 영혼의 양식으로 삼고 있다는 것은 다른 차원의 문제이다. 당신은 실제로 얼마나 성경을 영혼의 양식으로 삼고 있는가?

오늘은 하나님의 말씀인 성경이 왜 우리 영혼의 양식이 되는지, 예수님의 제자로서 영혼의 양식인 성경 말씀에 어떻게 반응해야 하는지 살펴보면서 신앙의 기본기를 다지도록 하자.

01

우리는 양식을 먹지 않으면 자라기는커녕 생존조차 할 수 없다. 그렇다면 영혼의 양식인 하나님의 말씀을 먹지 않을 때 어떤 일이 일어날까? 하나님의 말씀인 성경을 통해 살펴보자.

1) 이사야 55장 1~3절을 당신의 말로 정리해보라. 이사야 선지자가 진단한 이스라엘 백성의 상태는 어떠했는가?

• 이사야 55장 1~3절

2) 본문에서 말하는 목마름은 어떤 의미인가?(참고 암 8:11)

• 아모스 8장 11절

3) 이사야 선지자는 "목마른 자", "돈 없는 자"라는 표현을 통해 당시 하나님의 백성들의 영적인 상태를 진단하고 있다(사 55:1). 그렇다면 정기적으로 절기를 지키고 제사를 드리던 이스라엘 백성들(사 1:11~14)에게 이와 같은 현상이 일어나게 된 원인은 무엇인가?(사 55:2a)

• 이사야 55장 2a절

4) 이스라엘 백성들의 영적 기갈에 대해 하나님께서 내리신 처방은 무엇인가?(사 55:2b~3) 이러한 하나님의 처방을 보면서 당신은 무엇을 느끼는지 나누어보라.

• 이사야 55장 2b~3절

02

하나님은 영혼의 양식인 말씀을 가까이하지 않는 것을 기갈이라 진단하시고 오직 하나님의 말씀만이 영혼을 살리는 유일한 처방이라고 하신다. 그렇다면 말씀을 어떻게 붙잡아야 하는지 마태복음 4장 1~4절에서 찾아보자.

1) 40일 동안 금식하신 예수님께 마귀는 첫 번째로 "네가 만일 하나님의 아들이어든 명하여 이 돌들로 떡덩이가 되게 하라"(마 4:3)고 시험한다. 예수님은 무엇이라고 대답하셨는가?(마 4:4)

• 마태복음 4장 4절

2) 예수님은 왜 "하나님의 입으로부터 나오는 모든 말씀으로 살 것이라" 라고 하셨는가?(벧전 2:2, 시 19:7~8, 딤후 3:15, 17)

- 베드로전서 2장 2절

- 시편 19편 7~8절

- 디모데후서 3장 15, 17절

3) 그렇다면 "말씀으로 산다"라는 말은 무슨 뜻인가?(신 8:6, 요 4:34)

- 신명기 8장 6절

- 요한복음 4장 34절

4) "하나님의 입으로부터 나오는 모든 말씀"은 지금 우리 앞에 있는 성경이다. 이 성경이 당신의 영혼을 살게 하는 양식임을 확신하는가? 그렇다면 당신은 성경을 어떻게 대해야 한다고 생각하는가?

03

성경은 우리 영혼의 기갈을 해소할 수 있는 유일한 양식이다. 영혼의 양식을 먹는 자가 누리는 유익과 그 유익을 누릴 수 있는 구체적인 방법을 알아보자.

1) 날마다 영혼의 양식을 먹는 자가 누리는 유익은 무엇인가?(딤후 3:16~17, 시 119:133)

• 디모데후서 3장 16~17절

• 시편 119편 133절

2) 영혼의 양식인 말씀이 주는 유익은 참으로 놀랍다. 성경은 어떻게 하면 이와 같은 유익을 누릴 수 있다고 말하는가?(시 1:2, 수 1:8)

- 시편 1편 2절

- 여호수아 1장 8절

3) 당신은 영혼의 양식인 말씀이 주는 유익을 풍성히 누리고 있는가? 그렇지 못하다면 이유가 무엇인지 생각해보고 나누라.

04

성경은 우리 영혼의 양식이다. 우리의 영혼을 만족시키며 어떤 상황 속에서도 흔들리지 않도록 붙잡아주는 진리의 원천이다. 이제 당신은 하나님의 말씀을 어떻게 영혼의 양식으로 삼을지 구체적인 실천 계획을 세우고 나누어보라.

내가 그리스도인이 된 지 얼마 되지 않았을 때였다. 어떤 분이 내 성경의 앞부분에 다음과 같은 글귀를 적어주었다. '이 책이 당신을 죄로부터 보호해 줄 것입니다. 그렇지 않으면 죄가 당신을 이 책으로부터 멀리 떨어뜨려 놓을 것입니다.' 그 당시나 지금이나 이 말은 진실이다. 당신의 성경책 위에 먼지가 뽀얗게 내려앉아 있다면 당신은 현재 곧 정결하지 못한 삶으로 치닫고 있음을 의미하는 것이다.

당신이 하나님 말씀 안에 거함으로써 그 말씀이 당신을 점점 예수 그리스도의 형상으로 빚어 나가든지, 아니면 당신이 세상의 죄악 속에 빠져 있음으로써 세상이 당신을 세상의 틀에 짜맞추어 가든지 둘 중의 하나이다. 오늘날의 기독교가 겪고 있는 커다란 비극은 많은 성도들이 하나님 말씀의 권위 아래 있다고 하면서도 실제로는 그 말씀 속에 자신들을 침잠시키지 못하고 있다는 것이다.

– 《삶을 변화시키는 성경연구》(하워드 헨드릭스, 도서출판디모데) 19쪽

말씀 묵상을 위한 경건의 시간 서약서

나는 매일
아래의 약속된 시간과 장소에서
〈날마다솟는샘물〉을 활용하여 하나님의 말씀을 묵상하는
경건의 시간을 갖고
이를 통해 영혼의 양식을 취할 것을
하나님 앞에서 엄숙히 서약합니다.

시간 : ____________________

장소 : ____________________

________ 년 ______ 월 ______ 일

서약자 : ____________________ 인

4과

기도는 영혼의 호흡

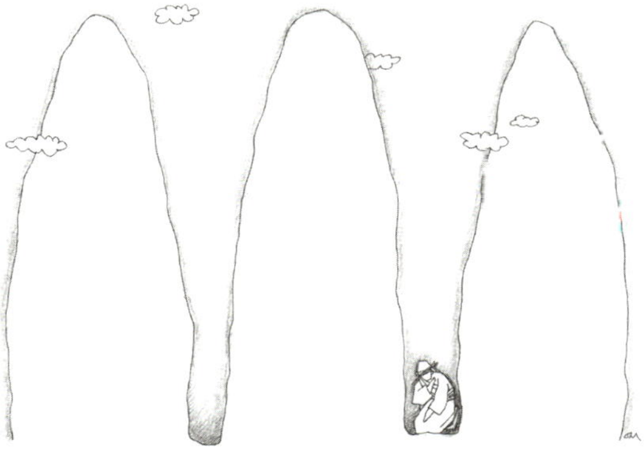

기도는 영혼의 호흡과 같다. 우리가 생존하기 위해 호흡을 중단할 수 없는 것처럼 그리스도인으로 살아가기 위해서는 기도가 꼭 필요하다. 기도 없는 그리스도인이란 있을 수 없다. 성도에게 기도는 영적 생명을 유지하는 탯줄과도 같다.

그런데 우리는 기도가 중요한 줄 알면서도 기도하지 않을 뿐 아니라 종종 잘못된 기도를 한다. 특히 기도에 남다른 열심을 갖고 있다고 하는 한국교회 그리스도인들은 성경이 가르치는 기도를 더욱 제대로 배울 필요가 있다.

예수님은 기도의 본을 보이시며 무엇이 바른 기도이고 무엇이 잘못된 기도인지 가르쳐주셨다. 제자인 우리 역시 성경을 통해 바른 기도에 대해 배우고 실천해야 한다. 그리하여 영혼의 호흡을 멈추지 않고 생명력 넘치는 기도의 사람들이 되어야 할 것이다.

01 예수님은 제자들에게 "너희는 이렇게 기도하라"고 분명히 가르치셨다. 마태복음 6장의 말씀을 통해 예수님께서 제자들에게 가르치신 기도에 대해 정리해보라.

1) 기도는 누구에게 하는 것인가? 우리는 그분을 누구라고 부르는가? (마 6:6, 9)

- 마태복음 6장 6절

- 마태복음 6장 9절

2) 예수님은 기도를 가르치시면서 무엇보다 우리의 기도를 들으시는 하나님을 '우리 아버지'라고 반복하여 말씀하신다. 전능하신 하나님과 부자(父子)관계를 맺고 기도하는 것과 그렇지 않은 것에는 어떤 차이가 있을지 생각해보라(참고 요 1:12, 마 7:11).

- 요한복음 1장 12절

- 마태복음 7장 11절

3) 바른 기도는 하나님을 아버지라 부르는 부자관계에서 나온다. 창조주시고 전능하신 하나님이 당신의 아버지라는 사실이 현재 기도생활에 어떤 영향을 끼치고 있는가?

02

하나님과의 관계 속에서 기도하라고 말씀하신 예수님은 바른 기도를 가르치시면서 먼저 잘못된 기도에 대해 말씀하신다. 마태복음 6장 5~8절을 중심으로 정리해보라.

1) 예수님이 제자들에게 잘못되었다고 가르치신 기도는 어떤 것들인가? (마 6:5, 7)

- 마태복음 6장 5절

- 마태복음 6장 7절

2) 예수님이 지적하신 외식하는 기도는 대표적으로 유대인들이 기도하는 모습이다. 외식하는 기도란 무엇인가?(마 6:5a, 참고 눅 18:11~12)

- 마태복음 6장 5a절

• 누가복음 18장 11~12절

3) 예수님은 이방 종교에서 하는 것처럼 중언부언하는 기도를 하지 말라고 말씀하시는데, 중언부언하는 기도란 어떤 기도를 말하는가? (마 6:7, 참고 왕상 18:28~29)

• 마태복음 6장 7절

• 열왕기상 18장 28~29절

4) 당신에게는 예수님이 지적하신 잘못된 기도의 모습이 없는가? 당신의 기도생활 가운데 문제되는 점은 없는지 돌아보고 나누라.

03

예수님은 이제 마태복음 6장 9~13절에서 바른 기도를 가르쳐주신다. 성경을 통해 우리의 기도를 점검해보자.

1) 마태복음 6장 9~13절을 읽으라. 주기도문은 그 자체가 완전한 기도이다. 예수님이 제자들에게 기도하라고 가르치신 내용은 무엇인지 요약해보라.

- 마태복음 6장 9~13절

2) 예수님은 먼저 하나님의 이름과 하나님의 나라와 뜻을 위해 기도하라고 하셨다(마 6:9~10). 이 세 가지가 담고 있는 중요한 의미는 무엇인가?(참고 마 6:33)

- 마태복음 6장 33절

3) 예수님은 하나님과 관련된 기도를 가르치신 다음 사람과 관련된 기도 세 가지를 가르치셨다. 이 세 가지 기도가 담고 있는 의미는 무엇이며, 왜 이렇게 기도하라고 하셨는가?(마 6:11~13a)

- 마태복음 6장 11~13a절

4) 예수님이 가르쳐주신 바른 기도에 비추어 지금까지 해왔던 당신의 기도가 어떠한지 점검해보라.

04

우리는 영혼의 호흡처럼 중요한 기도생활을 우리 마음대로 할 것이 아니라 예수님이 가르쳐주신 대로 해야 한다는 것을 배웠다. 이제 기도생활에 올바른 변화가 일어나야 한다. 다음 성경 구절들을 통해 얼마나 그리고 어떻게 기도할지 결단하며 당신의 기도생활을 새롭게 계획해보라.

- 누가복음 22장 39절

- 빌립보서 4장 6~7절

- 요한1서 5장 14~15절

기도에 관해 아는 것보다 하는 것이 중요하며, 하더라도 바르게 기도하는 것이 중요하다. 성경에서 하나님은 자신의 백성들에게 이렇게 말씀하신다. "나는 내 백성의 기도에 응답할 준비를 하고 있었지만, 내 백성은 아직도 내게 요청하지 않았다. 누구든지 나를 찾으면, 언제든지 만나려고 준비를 하고 있었지만, 아무도 나를 찾지 않았다. 내 이름을 부르지도 않던 나라에게, 나는 '보아라, 나 여기 있다. 보아라, 나 여기 있다' 하고 말하였다. 제멋대로 가며 악한 길로 가는 반역하는 저 백성을 맞이하려고, 내가 종일 팔을 벌리고 있었다"(사 65:1~2, 새번역). "주 여호와께서 이같이 말씀하셨느니라 그래도 이스라엘 족속이 이같이 자기들에게 이루어 주기를 내게 구하여야 할지라 …"(겔 36:37).

아버지 하나님은 언제든지 우리를 만나 주시고, 우리에게 응답하실 준비를 다 하고 계신다. 그러나 우리는 기도하지 않고 있다. 오늘부터 하나님 앞에 서는 그날까지 영혼의 호흡과 같은 바른 기도를 통해 하나님의 자녀로서 아버지 되신 하나님의 은혜를 받아 누리는 교제가 더 풍성해지기를 바란다.

부록

훈련개강수양회(MT)

1과 내 삶에 대한 자기소개서

2과 나의 신앙고백과 간증

3과 큐티 워크숍

훈련성경읽기표

성경 암송 구절 및 훈련큐티 본문

과제물 점검표

1과

내 삶에 대한 자기소개서

당신은 제자훈련을 시작하기 위해 결코 적지 않은 준비의 시간을 보냈고, 여러 가지 바쁜 일상 가운데서도 필요한 양육의 과정을 밟았다. 무엇보다 하나님 앞에서 꽤 많은 시간 기도하며 영적으로 씨름하며 결심하는 과정도 있었다. 이제 본격적으로 제자훈련을 시작하며 사실상 생애 처음이자 마지막이 될 제자훈련을 기대하는 마음도 있지만, 내심 잘 할 수 있을까 하는 두려움의 마음도 없지 않을 것이다.

1년이라는 긴 훈련을 시작하면서 함께하게 될 훈련의 동역자들과 자신의 지난 삶을 나누는 것으로부터 시작하고자 한다. "내 삶에 대한 자기소개서"의 간략한 질문에 대답하는 방식으로, 예수님의 온전한 제자로 살아가고자 함께 훈련을 시작하는 제자반 지체들에게 자신의 삶을 나누어보자.

■ 말씀 나눔

마태복음 23장 8절과 시편 133편 1절을 읽고 느낀 점을 나누라.

■ 내 삶에 대한 자기소개서

1) 지금까지 살아온 당신의 개인 역사를 간략하게 정리하여 나누라.

2) 당신이 어린시절 가졌던 인생에 대한 꿈은 무엇이었는가?

3) 지금까지 살아오면서 당신에게 가장 즐거웠던 것은 무엇인가?

4) 반대로 지금까지 살아오면서 당신에게 있었던 어려움 중에 가장 힘든 것은 무엇이었나?

5) 당신이 처음 교회에 발을 들여놓게 된 계기와 우리 교회에 등록하기까지 지나온 교회 생활의 과정, 그리고 우리 교회에서 그 동안 어떻게 신앙생활을 해왔는지 간단하게 나누라.

6) 당신 자신을 위해 요청하고 싶은 기도제목을 한 가지만 나눈다면 무엇인지 말하고 기도를 부탁하라.

2과

나의 신앙고백과 간증

'고백'이라는 단어는 늘 무게감이 느껴지고 감동을 주는 말이다. 고백은 언제나 고백하는 사람의 인격과 존재가 매우 내밀하게 관련되기 때문일 것이다. 특히 그리스도인에게 고백이라는 단어는 하나님과 관련되고 자신의 존재나 삶의 근본 의미와 직접적으로 관계되는 것이기 때문에 더욱 그렇다. 지난 기독교 신앙의 역사를 돌아보면 금방 확인할 수 있다. 더 나아가 고백은 교회의 역사에서 종종 순교라는 단어와 매우 가까웠다. 그래서 신앙고백에는 무게감과 감동이 더한다.

신앙고백은 전적인 하나님의 사랑과 십자가의 은혜와 성령님의 도우심이 있기에 가능한 것이지만 동시에 고백하는 그리스도인 본인의 고유한 것이기도 하다. 예수님을 믿고 예수님의 제자로 살고자 하여 모인 우리에게는 각자의 신앙고백이 있다. 이제 이 소중한 주님을 향한 신앙고백을 나누는 간증의 시간을 갖고자 한다. 다음의 항목을 중심으로 "나의 신앙고백과 간증"을 작성하고 나누도록 하라. 하나님께서 각자에게 어떤 방식으로 은혜를 주셨고 함께하고 계시는지 확인하고 주님을 찬양하고 주님의 은혜를 받은 지체를 사랑하게 되는 시간이 되기를 바란다.

■ 말씀 나눔

마태복음 16장 16절과 요한복음 14장 6절을 읽고 느낀 점을 나누라.

■ 나의 신앙 고백과 간증

- 예수 믿기 이전 상태

- 예수 믿게 된 동기

- 나의 신앙고백

- 예수 믿은 후의 변화

- 제자훈련 이후의 비전

3과

큐티 워크숍

우리는 이미 큐티 세미나를 통하여 큐티를 익혔다. 평생 하나님의 말씀을 듣고 말씀을 따라 살아야 하는 예수님의 제자로서 그 말씀을 매일 규칙적으로 묵상하는 것은 정말 중요하다. 하나님의 말씀이 영혼을 위한 양식이 되도록 돕는 매우 좋은 방법일 뿐 아니라 일상 속에서 그리스도인으로 살아가게 하는 지혜와 힘을 제공하는 것이 바로 큐티이다. 그러므로 주님을 따라 살아가기로 마음에 작정하고 제자의 길에 들어선 우리에게 큐티는 매우 중요한 도구일 수밖에 없다.

특별히 훈련하는 동안 훈련생으로서 과제물로 감당해야 하는 "훈련큐티"를 이해하고 실행하기 위하여 준비하는 시간을 갖고자 한다.

■ 말씀 나눔

시편 1편 1~2절과 시편 119편 105절을 읽고 느낀 점을 나누라.

■ 훈련큐티

1. 훈련큐티

1) 제자훈련 과정에서 과제물로 제출해야 하는 큐티를 가리키며, 〈날마다솟는샘물〉에 포함되어 있는 주말 큐티를 기준으로 삼는 제자훈련생 큐티다.

2) 훈련큐티의 목표는 훈련 이후 평생 동안 매일의 큐티와 주말 큐티를 통해 말씀을 따라 주님과 동행하는 삶을 살아가도록 훈련되는 것이다.

3) 훈련큐티는 제자훈련 이후 사역훈련 과정에서 말씀 사역자로 준비되기 위해 익혀야 하는 귀납적 개인성경연구를 보다 잘 수행하도록 준비시키기 위한 것이다.

2. 훈련큐티 방법 개요

1) 내용 관찰

2) 연구와 묵상

3) 느낀 점

4) 결단과 적용

3. 훈련큐티 워크숍

1) 〈날샘〉 금주 토요일 본문으로 진행

2) 훈련큐티 방법을 적용하여 큐티하기

3) 조별로 큐티 나누기

4) 인도자 피드백

5) 질문과 나눔

훈련 주차	성경	월	화	수	목	금	토
1	창세기	창 1-11장	창 12-20장	창 21-30장	창 31-40장	창 41-45장	창 46-50장
2	마태복음	마 1-7장	마 8-13장	마 14-18장	마 19-22장	마 23-25장	마 26-28장
3	출애굽기	출 1-10장	출 11-18장	출 19-24장	출 25-31장	출 32-36장	출 37-40장
4	마가복음	막 1-3장	막 4-6장	막 7-9장	막 10-12장	막 13-14장	막 15-16장
5	레위기	레 1-5장	레 6-10장	레 11-15장	레 16-19장	레 20-24장	레 25-27장
6	누가복음	눅 1-4장	눅 5-8장	눅 9-12장	눅 13-16장	눅 17-21장	눅 22-24장
7	민수기	민 1-6장	민 7-12장	민 13-19장	민 20-24장	민 25-30장	민 31-36장
8	요한복음	요 1-3장	요 4-6장	요 7-10장	요 11-12장	요 13-17장	요 18-21장
9	신명기	신 1-4장	신 5-10장	신 11-16장	신 17-23장	신 24-28장	신 29-34장
10	여호수아	수 1-6장	수 7-12장	수 13-17장	수 18-20장	수 21-22장	수 23-24장
11	사사기, 룻기	삿 1-5장	삿 6-9장	삿 10-12장	삿 13-16장	삿 17-21장	룻 1-4장
12	사도행전	행 1-5장	행 6-12장	행 13-15장	행 16-18장	행 19-22장	행 23-28장
13	사무엘상, 하	삼상 1-10장	삼상 11-20장	삼상 21-31장	삼하 1-10장	삼하 11-18장	삼하 19-24장
14	로마서	롬 1-3장	롬 4-6장	롬 7-8장	롬 9-11장	롬 12-14장	롬 15-16장
15	열왕기상, 하	왕상 1-8장	왕상 9-16장	왕상 17-22장	왕하 1-8장	왕하 9-17장	왕하 18-25장
16	역대상	대상 1-5장	대상 6-10장	대상 11-16장	대상 17-20장	대상 21-26장	대상 27-29장
17	역대하	대하 1-6장	대하 7-10장	대하 11-16장	대하 17-21장	대하 22-28장	대하 29-36장
18	고린도전후서	고전 1-6장	고전 7-12장	고전 13-16장	고후 1-4장	고후 5-9장	고후 10-13장
19	에스라, 느헤미야, 에스더	스 1-6장	스 7-10장	느 1-7장	느 8-13장	에 1-5장	에 6-10장
20	욥기	욥 1-7장	욥 8-14장	욥 15-21장	욥 22-28장	욥 29-37장	욥 38-42장
21	시편1-50편	시 1-10편	시 11-19편	시 20-27편	시 28-34편	시 35-41편	시 42-50편
22	시 51-100편	시 51-60편	시 61-68편	시 69-72편	시 73-80편	시 81-89편	시 90-100편
23	시 101-150편	시 101-110편	시 111-118편	시 119-120편	시 121-130편	시 131-140편	시 141-150편
24	잠언	잠 1-5장	잠 6-10장	잠 11-15장	잠 16-20장	잠 21-25장	잠 26-31장
25	갈라디아서	갈 1장	갈 2장	갈 3장	갈 4장	갈 5장	갈 6장
26	전도서, 아가서	전 1-3장	전 4-6장	전 7-9장	전 10-12장	아 1-4장	아 5-8장
27	에베소서,빌립보서, 골로새서	엡 1-2장	엡 3-4장	엡 5-6장	빌 1-4장	골 1-2장	골 3-4장

훈련 주차	성경	월	화	수	목	금	토
28	데살로니가전후서, 디모데전후서, 디도서,빌레몬서	살전 1-5장	살후 1-3장	딤전 1-6장	딤후 1-4장	딛 1-3장	몬 1장
29	이사야 1-39장	사 1-6장	사 7-12장	사 13-23장	사 24-27장	사 28-34장	사 35-39장
30	이사야 40-66장	사 40-43장	사 44-47장	사 48-52장	사 53-57장	사 58-62장	사 63-66장
31	예레미야 1-30장	렘 1-5장	렘 6-10장	렘 11-15장	렘 16-20장	렘 21-25장	렘 26-30장
32	예레미야 31-52장, 예레미야애가	렘 31-35장	렘 36-40장	렘 41-45장	렘 46-49장	렘 50-52장	애 1-5장
33	에스겔 1-30장	겔 1-5장	겔 6-10장	겔 11-15장	겔 16-20장	겔 21-25장	겔 26-30장
34	에스겔 31-48장, 다니엘	겔 31-35장	겔 36-39장	겔 40-44장	겔 45-48장	단 1-6장	단 7-12장
35	호세아,요엘,아모스, 오바댜,요나,미가	호 1-14장	욜 1-3장	암 1-9장	옵 1장	욘 1-4장	미 1-7장
36	히브리서,야고보서	히 1-2장	히 3-4장	히 5-7장	히 8-10장	히 11-13장	약 1-5장
37	나훔,하박국,스바냐, 학개,스가랴,말라기	나 1-3장	합 1-3장	습 1-3장	학 1-2장	슥 1-14장	말 1-4장
38	베드로전후서, 요한1-3서,유다서	벧전 1-5장	벧후 1-3장	요일 1-5장	요이 1장	요삼 1장	유 1장
39	요한계시록	계 1-3장	계 4-7장	계 8-11장	계 12-14장	계 15-18장	계 19-22장

권	과	제목	성경 암송 구절	훈련큐티 본문
훈련개강 수양회 (MT)	1과	내 삶에 대한 자기소개서		
	2과	나의 신앙고백과 간증		
	3과	큐티워크숍		
I권 온전한 제자의 기초	1과	왜 온전한 제자인가	엡 4:13, 슥 4:6b	엡 4:13~16
	2과	온전함에 이르는 길, 십자가	갈 6:14, 막 10:45	막 10:35~45
	3과	성경은 영혼의 양식	마 4:4, 수 1:8	사 55:1~5
	4과	기도는 영혼의 호흡	마 6:33, 빌 4:6~7	마 6:5~8
II권 온전한 제자의 교리	1과	성경이란 무엇인가	딤후 3:16, 벧후 1:21	마 5:17~20
	2과	하나님은 누구신가	사 43:1, 대상 29:11	대상 29:10~14
	3과	성경이 말하는 인간 이해	롬 3:23, 고후 5:17	창 1:24~28
	4과	유일한 구원자 예수 그리스도	롬 4:25, 계 3:20	골 1:15~23
	5과	가장 위대한 선물, 구원	엡 2:8~9, 딛 3:5	엡 2:1~10
	6과	성령 하나님	고전 3:16, 갈 5:22~23	요 3:1~8
	7과	종말론 이해	마 24:14, 히 2:18	마 24:34~44
	8과	사람에게는 진심으로, 하나님께는 전심으로	롬 5:8, 요 13:34~35	막 12:28~34
III권 온전한 제자의 삶	1과	보냄 받은 제자	마 4:19, 요 20:21	눅 9:28~33
	2과	제자의 온전한 생각 : 세계관	롬 11:36, 엡 4:22~24	마 5:1~12
	3과	제자의 온전한 감정	창 50:20, 엡 4:32	창 50:15~21
	4과	제자의 온전한 관계	요일 3:18, 약 2:17	눅 10:25~37
	5과	제자의 온전한 행실 1 : 언어 생활	잠 4:23, 엡 4:29	눅 6:43~45
	6과	제자의 온전한 행실 2 : 돈과 재물	마 6:24, 빌 4:11	눅 12:13~21
	7과	제자의 온전한 예배	요 4:24, 롬 12:1	요 4:19~26
	8과	제자의 온전한 가정 1	창 2:18, 엡 5:21	창 2:18~25
	9과	제자의 온전한 가정 2 : 신앙 계승	히 11:6, 히 12:2	히 11:32~38
	10과	제자의 온전한 일과 일터	창 1:28, 마 5:16	마 25:14~30
	11과	제자의 온전한 선교	행 1:8, 딤후 4:2	요 17:15~19
	12과	십자가를 지는 유일한 길, 자기부인	골 1:28, 고후 10:5	눅 14:25~33

※ 과제물을 빠짐 없이 했을 때: O / 일부만 했을 때: △ / 전혀 하지 못했을 때: X

훈련일	교재 내용	예습	성구 암송	훈련 큐티	성경 통독	독서 과제	기도 생활	생활 과제	WEEKLY 제자의 삶 돌아보기	신앙 일기	성도의 교제

국제제자훈련원은 건강한 교회를 꿈꾸는 목회의 동반자로서 제자 삼는 사역을 중심으로 성경적 목회 모델을 제시함으로 세계 교회를 섬기는 전문 사역 기관입니다.

제자훈련 2.0 Ⅰ

온전한 제자의 기초

초판 1쇄 발행 2024년 11월 1일
초판 2쇄 발행 2025년 12월 30일

지은이 오정현
디자인 박세미 **일러스트레이션** 이재숙

펴낸이 박주성
펴낸곳 국제제자훈련원
등록번호 제2013-000170호(2013년 9월 25일)
주소 서울시 서초구 효령로 68길 98 (서초동)
전화 02-3489-4300 **팩스** 02-3489-4329
이메일 dmipress@sarang.org

ISBN 978-89-5731-907-9 04230

※ 독자의 의견을 기다립니다.